Les prophéties de Nostradamus

Les 353 quatrains originaux

Nostradamus

Les prophéties de Nostradamus

Les 353 quatrains originaux

© 2023 lespropheties.com

Édition : lespropheties.com à partir du texte de 1555.
Impression : BoD

Impression à la demande

ISBN : 978-2-494965-00-3
Dépôt légal : Mai 2023

Que ces prédictions mystiques de Nostradamus puissent vous éclairer sur les mystères du futur et vous guider sur le chemin de la compréhension. Que vous puissiez trouver dans ces pages la sagesse et la connaissance nécessaires pour affronter les défis à venir, et que vous soyez inspiré à chercher la vérité dans tout ce que vous entreprendrez.

PRÉFACE DE L'ÉDITEUR

Cher lecteur,

Le livre que vous tenez entre vos mains est un recueil unique et fascinant de prophéties énigmatiques qui ont captivé l'attention de nombreuses générations depuis leur première publication. Ces prédictions sont l'œuvre de Michel de Nostredame, plus connu sous le nom de Nostradamus, un astrologue et médecin du XVIe siècle dont les écrits ont suscité de nombreuses controverses.

Les prophéties de Nostradamus sont mystérieuses, symboliques et souvent difficiles à interpréter. Certains pensent qu'elles prédisent des événements futurs, d'autres les considèrent comme des réflexions métaphoriques sur les conflits et les changements de son époque. Quelle que soit leur interprétation, elles ont indéniablement marqué l'histoire de la littérature ésotérique.

Lorsque vous lirez ces prophéties, vous vous rendrez compte de leur pertinence et de leur universalité. Vous verrez comment les préoccupations et les peurs de l'humanité ont évolué au fil des siècles, mais aussi comment les problèmes qui nous préoccupent aujourd'hui ont des racines profondes dans notre histoire.

Nous espérons que ce livre vous donnera une meilleure compréhension des prophéties de Nostradamus et que vous y trouverez une source d'inspiration et de réflexion pour vos propres préoccupations sur l'avenir.

Bien à vous,

Les éditions *lespropheties.com*

PRÉFACE DE M. MICHEL NOSTRADAMUS À SES PROPHETIES

Ad Cæsarem Nostradamum filium VIE ET FELICITE.

Ton tard aduenement CESAR NOSTRADAME mon filz, m'a faict metttre mon long temps par continuelles vigilations nocturnes referer par escript,toy delaisser memoire,apres la corporelle extinction de ton progeniteur,au commun profit des humains de ce que la Diuine essence par Astronomiques reuolutions m'ont donne congnoissance. Et depuis qu'il a pleu au Dieu immortel que tu ne soys venu en naturelle lumiere dans ceste terrene plaige, & ne veulx dire tes ans qui ne sont encores accompaignés, mais tes moys Martiaulx incapables à recepuoir dans ton debile entendement ce que ie seray contrainct apres mes iours definer: veu qu'il n'est possible te laisser par escript ce que seroit par l'iniure du temps obliteré:car la parolle hereditaire de l'occulte prediction sera dans mon estomach intercluse: consyderant aussi les aduentures de l'humain definement estre incertaines:& que le tout est regi & guberné par la puissance de Dieu inextimable, nous inspirant non par bacchante fureur, ne par lymphatique mouuement, mais par astronomiques assertions, Soli numine diuino afflati præsagiunt, & spiritu prophetico particularia. Combien que de longs temps par plusieurs foys i'aye predict long temps au-parauant ce que depuis est aduenu & en particulieres regions, attribuant le tout estre faict par la vertu & inspiration diuine & aultres felices & sinistres aduentures de accelerée promptitude prenoncées, que despuis sont aduenues par les climats du monde aiant voulu taire & delaissé pour cause de l'iniure,& non tant seulement du temps present, mais aussi de la plus grande part du futur, de metre par escrit, pource que les regnes sectes & religions feront changes si opposites, voyre au respect du present diametralement, que si ie venoys à reserer ce que à l'aduenir sera, ceux de regne, secte, religion, & foy trouueroient si mal accordant à leur fantasie auriculaire, qu'ils viendroient à damner ce que par les siecles aduenir on congnoistra estre veu & apperceu: Consyderant aussi la sentence du vray Sauueur, Nolite sanctum dare canibus, nec mittatis margaritas ante porcos ne conculcent pedibus & conuersi dirumpant vos. Qui a esté la cause de faire retirer ma langue au populaire, & la plume au papier: puis me suis voulu extendre declarant pour le commun aduenement par obstruses & perplexes sentences les causes futures, mesmes les plus vrgentes, & celles que i'ay apperceu, quelque humaine mutation que aduiene ne scandalizer l'auriculaire fragilité, & le tout escrit sous figure nubileuse, plus que du tout prophetique : combien que, Abscondisti hæc à sapientibus, & prudentibus, id est potentibus & regibus, & enucleasti ea exiguis & tenuibus, & aux Prophetes: par le moyen de Dieu immortel, & des bons anges ont receu l'esprit de vaticination, par lequel ilz voyent les causes loingtaines, & viennent à preuoyr les futurs aduenementz, car rien ne se peult paracheuer sans luy, ausquelz si grande est la puissance & la bonté aux subiectz que pendant qu'ilz demeurent en eulx, toutesfois aux aultres effectz pour la similitude de la cause du bon genius, celle challeur & puissance vaticinatrice s'approche de nous: comme il nous aduient des rayons du soleil, qui se viennent getants leur influence aux corps elementeres, & non elementeres. Quant à nous qui sommes humains ne pouuons rien de nostre naturelle cognoissance, & inclination d'engin congnoistre des secretz obstruses de Dieu le createur, Quia non est nostrum noscere tempora, nec momenta &c. Combien que aussi de present peuuent aduenir

& estre personnaiges que Dieu le createur aye voulu reueler par imaginatiues impressions, quelques secretz de l'aduenir a accordés à l'astrologie iudicielle, comme du passé, que certaine puissance & volontaire faculté venoit par eulx, comme flambe de feu apparoir, que luy inspirant on venoit à iuger les diuines & humaines inspirations. Car les œuures diuines, que totalement sont absoluës, Dieu les vient paracheuer: la troisiesme, les mauuais. Mais mon filz ie te parle icy vn peu trop obstrusement: mais quant aux occultes vaticinations que lon vient à receuoyr par le subtil esperit du feu qui quelque foys par l'entendement agité comtemplant le plus hault des astres, comme estant vigilant, mesmes que aux prononciations estant surprins escrits prononceant sans crainte moins atainct d'inuerecunde loquacité: mais quoy? tout procedoit de la puissance diuine du grand Dieu eternel, de qui toute bonté procede. Encores mon filz que i'aye inseré le nom de prophete, ie ne me veux atribuer tiltre de si haulte sublimite pour le temps present: car qui propheta dicitur hodie, olim vocabatur videns: car prophete proprement mon filz est celuy qui voit choses loingtaines de la cognoissance naturelle de toute creature. Et cas aduenant que le prophete moyenant la parfaicte lumiere de la ,pphetie luy appaire manifestement des choses diuines, comme humaines: que ne ce peult fayre, veu les effectz de la future prediction s'estendant loing. Car les secretz de Dieu sont incomprehensibles, & la vertu effectrice contingent de longue estendue de la congnoissance naturelle prenent son plus prochain origine du liberal arbitre, faict aparoir les causes q d'elles mesmes ne peuuet aquerir celle notice pour estre cognuës ne par les humains augures, ne par aultre cognoissance ou vertu occulte comprinse soubz la concauité du ciel, mesmes du faict present de la totale eternité que vient en soy embrasser tout le temps. Mais moiennant quelque indiuisible eternité par comitiale agitation Hiraclienne, les causes par le celeste mouuement sont congnuës. Ie ne dis pas mon filz, affin que bien l'entendes, que la cognoissance de ceste matiere ne se peult encores imprimer dans ton debile cerueau, que les causes futures bien loingtaines ne soient à la cognoissance de la creature raisonable: si sont nonobstant bonement la creature de l'ame intellectuelle des causes presentes loingtaines, ne luy sont du tout ne trop occultes ne trop reserées: mais la parfaite des causes notice ne se peult aquerir sans celle diuine inspiration : veu que toute inspiration prophetique reçoit prenant son principal principe mouant de Dieu le createur, puis de l'heur, & de nature. Parquoy estans les causes indifferantes, indifferentement produictes, & non produictes, le presaige partie aduient, ou à esté predit. Car l'entendement creé intellectuellement ne peult voir occultement, sinon par la voix faicte au lymbe moyennant la exigue flamme en quelle partie les causes futures se viendront à incliner. Et aussi mon filz ie te supplie que iamais tu ne vueilles emploier ton entendement à telles resueries & vanités qui seichent le corps & mettent à perdition l'ame,donnant trouble au foyble sens:mesmes la vanité de la plus que execrable magie reprouuée iadis par les sacrées escriptures, & par les diuins canons : au chef du-quel est excepté le iugement de l'astrologie iudicielle:par laquelle & moyennant inspiration & reuelation diuine par continuelles veilles & supputations,auons noz propheties redigé par escript. Et combien que celle occulte Philosophie ne fusse reprouuée,n'ay onques volu presenter leurs effrenées persuasions: combien que plusieurs volumes qui ont estés cachés par longs siecles me sont estés manifestés. Mais doutant ce qui aduiendroit en ay faict, apres la lecture, present à Vulcan, que pendant quil les venoit à deuorer, la flamme leschant l'air rendoit vne clarté insolite, plus claire que naturelle flamme, comme lumiere de feu de clystre fulgurant, illuminant subit la maison, comme si elle fust esté en subite conflagration. Parquoy affin que à l'auenir ne feusses abusé prescrutant la parfaicte transformation tant seline que solaire, & soubz terre metaulx incorruptibles, & aux vndes occultes, les ay en cendres conuertis. Mais quant au iugement qui se vient paracheuer moyennant le iugement celeste cela te veulx ie manifester:parquoy auoir congnoissance des causes futures reiectant loing les fantastiques imaginations qui aduiendront,limitant la particularité des lieux par diuines inspirations supernaturelle accordant aux celestes figures,les lieux, & vne partie du temps de proprieté occulte par vertu, puissance & faculté diuine : en presence de laquelle les troys temps sont comprins par eternité, reuolution tenant à la cause passée, presente, & future: quia omnia sunt nuda & aperta &c. Parquoy mon filz, tu peult facilement nonobstant ton tendre cerueau,comprendre que les choses qui doiuent auenir se peuuent prophetizer par les nocturnes & celestes lumieres, que sont naturelles, & par l'esprit de prophetie: non que ie me vueille attribuer nomination ni effect prophetique, mais par reuelée inspiration, comme homme mortel esloigné non moins de sens au ciel, que des piedz en terre, Possum non errare,falli,decipi :suis pecheur plus grand que nul de ce monde, subiect à toutes humaines afflictions. Mais estant surprins par foys la sepmaine lymphatiquant, & par longue calculation rendant les estudes nocturnes de souefue odeur,i'ay composé liures de propheties contenant chascun cent quatrains astronomiques de propheties,lesquelles i'ay vn peu voulu raboter obscurement: & sont perpetuelles vaticinations, pour d'icy à l'an 3797. Que possible fera retirer le front à quelques vns en voyant si longue extension, & par souz toute la concauité de la lune aura lieu & intelligence: &

ce entendent vniuersellement par toute la terre, les causes mon filz. Que si tu is l'vaage naturel & humani, tu verras deuers ton climat au propre ciel de ta natiuité les futures auantures preuoyr. Combien que le seul Dieu eternel, soit celuy seul qui congnoit l'eternité de sa lumiere, procedant de luy mesmes: & ie dis franchement que à ceux à qui sa magnitude immense, qui est sans mesure & incomprehensible, ha voulu par longue inspiration melancholique reuéler, que moyennant icelle cause occulte manifestée

diuinement, principalement de deux causes principales qui sont comprinses à l'entendement de celui inspiré qui prophetise l'vne est que vient à infuser, esclarcissant la lumiere supernaturelle au personnage qui predit par la doctrine des astres, & prophetise par inspirée reuelation: laquelle est une certe participation de la diuine eternité: moyennant le prophete vient à iuger de cela que son diuin esperit luy ha donné par le moyen de Dieu le createur, & par vne naturelle instigation: cestassauoir que ce que predict, est vray, & a prins son origine etheréement : & telle lumiere & flambe exigue est de toute efficace, & de telle altitude: non moins ´q la naturelle clarté & naturelle lumiere rend les philosophes si asseurés que moyennant les principes de la premiere cause ont attainct à plus profondes abysmes de plus haute doctrine. Mais à celle fin, mon filz, que ie ne vague trop profondement pour la capacité future de ton sens, & aussi que ie trouue que les lettres feront si grande & incomparable iacture, que ie treuue le monde auant l'vniuerselle conflagration aduenir tant de deluges & si hautes inundations, qu'il ne sera gueres terroir qui ne soit couuert d'eau : & sera par si long temps que hors mis enographies & topographies, que le tout ne soit peri: aussi auant telles & apres inundations, en plusieurs contrées les pluies seront si

exigues, & tombera du ciel si grande abondance de feu, & de
pierres candentes, que ni demourra rien qu'il ne soit
consummé: & ceci aduenir, & en brief, & auant la derniere
conflagration. Car encores que la planette de Mars paracheue
son siecle, & à la fin de son dernier periode, si le reprendra il:
mais assemblés les vns en Aquarius par plusieurs années les
autres en Cancer par plus longues & continues. Et maintenant
que sommes conduicts par la lune, moyennant la totale
puissance de Dieu eternel, que auant qu'elle aye paracheué
son total circuit,le soleil viendra, & puis Saturne. Car selon les
signes celestes le regne de Saturne sera de retour, que le tout
calculé, le monde s'approche, d'vne anaragonique reuolution:
& que de present que ceci i'escriptz auant cent & septante
sept ans troys moys vnze iours, par pestilence, longue famine,
& guerres, & plus par les inundations le monde entre cy & ce
terme prefix, auant & apres par plusieurs foys, sera si
diminué, & si peu de monde sera, que lon ne trouuera qui
vueille prendre les champs, qui deuiendront liberes aussi
longuement qu'ilz sont estés en seruitude : & ce quant au
visible iugement celeste, que encores que nous soyons au
septiesme nombre de mille qui paracheue le tout, nous
approchant du huictiesme, ou est le firmament de la
huictiesme sphere, que est en dimension laditudinaire, ou le
grand Dieu eternel viendra paracheuer la reuolution:ou les
images celestes retourneront à se mouuoir, & le mouuement
superieur qui nous rend la terre stable & ferme, non
inclinabitur in sæculum sæculi: hors mis que quand son
vouloir sera accompli, ce sera, mais non point aultrement :
combien que par ambigues opinions excedants toutes raisons
naturelles par songes Machometiques, aussi aucune fois Dieu
le createur par les ministres de ses messaigiers de feu en
flamme missiue vient à proposer aux sens exterieurs,
mesmement à nos yeulx, les causes de future prediction

significatrices du cas futur, qui se doibt à cellui qui presaige manifester. Car le presaige qui se faict de la lumiere exterieure vient infalliblement à iuger partie auecques & moyennant le lume exterieur: combien vrayement que la partie qui semble auoir par l'œil de l'entendement, ce que n'est par la lesion du sens imaginatif: la raison est par trop euidente, le tout estre predict par afflation de diuinité, & par le moyen de l'esprit angelique inspiré à l'homme prophetisant, rendant oinctes de vaticinations, le venant à illuminer, luy esmouuant le deuant de la phantasie par diuerses nocturnes aparitions, ′q par diurne certitude pphetise par administration asttronomicque, conioincte de la sanctissime future prediction, ne consistant ailleurs q′au courage libre. Vient asture entendre mon filz, que ie trouue par mes reuolutions que sont accordantes à reuellée inspiration, que le mortel glaiue s'aproche de nous pour asture par peste, guerre plus horrible que à vie de trois hommes n'a esté, & famine, lequel tombera en terre, & y retournera souuent, car les astres s'accordent à la reuolution:& aussi a dit Visitabo in virga ferrea iniquitates eorum, & in verberibus percutiam eos. car la misericorde du seigneur ne sera poinct dispergée vn temps mon filz, que la plus part de mes propheties seront acomplies, & viendront estre par accompliment reuoluës. Alors par plusieurs foys durant les sinistres tempestes, Conteram ergo dira le Seigneur, & confringam, & non miserebor : & mille autres auantures qui auiendront par eaux & continuelles pluies, comme plus à plain i'ay redigé par escript aux miennes autres propheties qui sont composées tout au long, in soluta oratione, limitat les lieux, temps, & le terme prefix que les humains apres venus, verront cognoissants les auentures auenues infalliblement, comme auons noté par les autres, parlans plus clairement: nonobstant que sous nuée serot comprises les intelligences:sed quando submouenda erit ignorantia, le cas sera plus esclarci. Faisant fin mon filz, prens donc ce don de ton pere M. Nostradamus, esperant toy declarer vne chascune prophetie des quatrains ici mis.Priant au Dieu immortel qui te veuille prester vie longue en bonne & prospere felicité.

De Salon ce j. de Mars 1555.

PREMIÈRE CENTURIE

1

Estant assis de nuit secret estude,
Seul repousé sus la selle d'ærain,
Flambe exigue sortant de solitude,
Fait proferer qui n'est à croire vain.

2

La verge en main mise au milieu de Branches
De l'onde il moulle & le limbe & le pied.
Vn peur & voix fremissent par les manches,
Splendeur diuine. Le diuin prés s'assied.

3

Quand la lictiere du tourbillon versée,
Et seront faces de leurs manteaux couuers,
La republique par gens nouueaux vexée,
Lors blancs & rouges iugeront à l'enuers.

4

Par l'vnivers sera faict vng monarque,
Qu'en paix & vie ne sera longuement:
Lors se perdra la piscature barque,
Sera regie en plus grand detriment.

5

Chassés seront sans faire long combat
Par le pays seront plus fort greués:
Bourg & cité auront plus grand debat,
Carcas.Narbonne auront cueurs esprouués.

6

L' œil de Rauenne sera destitué,
Quand à ses pieds les aesles fallliront,
Les deux de Bresse auront constitué
Turin, Verseil que Gauloys fouleront.

7

Tard arriué l' execution faicte
Le vent contraire, letres au chemin prinses
Les coniures.xiiij.dune secte
Par le Rosseau senez les entreprinses.

8

Combien de foys prinse cité solaire
Seras, changeant les loys barbares & vaines.
Ton mal s'aproche:Plus seras tributaire
La grand Hadrie reourira tes veines.

9

De l'Orient viendra le cueur Punique
Facher Hadrie & les hoirs Romulides,
Acompaigne de la classe Libycque,
Trembler Mellites:& proches isles vuides.

10

Serpens transmis dens la caige de fer
Ou les enfans septains du roy sont pris:
Les vieux & peres sortiront bas de l'enfer,
Ains mourir voir de son fruict mort & crys.

11

Le mouuement de sens, cueur,pieds,& mains
Seront d'acord.Naples,Leon,Secille,
Glaifues,feus,eaux:puis aux nobles Romains
Plongés,tués,mors par cerueau debile.

12

Dans peu dira faulce brute,fragile,
De bas en hault esleué promptement:
Puys en instant desloyale & labile
Qui de Veronne aura gouuernement.

13

Les exiles par ire,haine intestine,
Feront au roy grand coniuration:
Secret mettront ennemis par la mine,
Et ses vieux siens contre eux sedition.

14

De gent esclaue chansons,chants & requestes,

Captifs par princes & seigneur aux prisons:
A l'auenir par idiots sans teste
Seront receus par diuins oraisons.

15

Mars nous menasse par sa force bellique
 Septante foys fera le sang espandre:
Auge & ruyne de l'Ecclesiastique
Et plus ceux qui d'eux rien voudront entendre.

16

Faulx a l'estang ioinct vers le Sagitaire
En son hault AVGE de l'exaltation,
Peste,famine, mort de main militaire:
Le siecle approche de renouation.

17

Par quarante ans l'Iris n'aparoistra,
Par quarante ans tous les iours sera veu:
La terre aride en siccité croistra,
Et grands deluges quand sera aperceu.

18

Par la discorde negligence Gauloyse
Sera passaige a Mahommet ouuert:
De sang trempe la terre & mer Senoyse
Le port Phocen de voiles & nefs couuert.

19

Lors que serpens viendront circuir l'are,
Le sang Troien vexé par les Hespaignes
Par eux grand nombre en sera faicte tare,
 Chief,fuyct cache aux mares dans les saignes.

20

Tours,Orleans,Bloys,Angiers,Reims,& nantes
Cités vexées par subit changement:
Par langues estranges seront tendues tentes
Fluues,dardsRenes,terre & mer tremblement.

21

Profonde argille blanche nourrir rochier,
Qui d'vn abysme istra lacticineuse,
En vain troubles ne l'oseront toucher
Ignorants estre au fond terre argilleuse.

22

Ce que viura & n'aiant aucun sens,
Viendra leser à mort son artifice:
Autun, Chalon,Langres & les deux Sens,
La gresle& glace fera grand malefice.

23

Au mois troisiesme se levant le soleil,
Sanglier, liepard au champ mars pour combatre:

Liepard laisse au ciel extend son œil,
Vn aigle autour du soleil voyt s'esbatre.

24

A cité neufue pensif pour condemner,
Loysel de proye au ciel se vient offrir:
Apres victoire a captifs pardonner,
Cremone & Mantoue grands maux aura souffert

25

Perdu,trouvé,caché de si long siecle
Sera pasteur demi dieu honore,
Ains que la lune acheue son grand cycle
Par autres veux sera deshonoré.

26

Le grand du fouldre tumbe d'heure diurne,
Mal & predict par porteur postulaire
Suiuant presaige tumbe d'heure nocturne,
Conflit Reins,Londres,Etrusque pestifere.

27

Dessoubz de chaine Guien du ciel frappe,
Non loing de la est caché le tresor,
Qui par longs siecles auoit este grappé,
Trouue moura:l'œil creué de ressort.

28

La tour de Bouq gaindra fuste Barbare,
Vn temps long temps apres barque hesperique,
Bestail,gens, meubles tous deux feront grant tare
Taurus & Libra quelle mortelle picque!

29

Quand le poisson terrestre & aquatique
Par forte vague au grauier sera mis,
Sa forme estrange suaue & horrifique,
Par mer aux murs bien tost les ennemis.

30

La nef estrange par le tourment marin
Abourdera pres de port incongneu,
Nonobstant signes de rameau palmerin
 Apres mort,pille:bon auis tard venu.

31

Tant d'ans les guerres en Gaule dureront,
Oultre la course du Castulon monarque,
Victoire incerte trois grands couronneront
Aigle,coq,lune,lyon,soleil en marque.

32

Le grand empire sera tost translaté
En lieu petit qui bien tost viendra croistre:
Lieu bien infime d'exigue comté

Ou au milieu viendra poser son sceptre

33

Prés d'vn grant pont de plaine spatieuse,
Le grand lyon par force Cesarées
Fera abbatre hors cité rigoreuse,
Par effroy portes luy seront reserées.

34

L'oyseau de proye volant a la senestre
Auant conflict faict aux Francoys pareure
L'vn bon prendra,l'vn ambigue sinistre,
La partie foyble tiendra par bon augure.

35

Le lyon ieune le vieux surmontera,
En champ bellique par singulier duelle,
Dans caige d'or les yeux luy creuera:
Deux classes vne,puis mourir,mort cruelle.

36

Tard le monarque se viendra repentir
De n'auoir mis à mort son aduersaire:
Mais viendra bien à plus hault consentir
Que tout son sang par mort fera defaire.

37

Vng peu devant que le soleil s'esconse
Conflict donné, grand peuple dubieux:
Proffligés,port marin ne faict responce,
Pont & sepulchre en deux estranges lieux.

38

Le Sol & l'aigle au victeur paroistront:
Responce vaine au vaincu l'on asseure,
Par cor ne crys harnoys n'arresteront
Vindicte,paix par mort si acheue à l'heure.

39

De nuict dans lict le supresme estrangle
Pour trop auoir subiourné,blond esleu,
Par troys l'empire subroge exancle,
A mort mettra carte,pacquet ne leu.

40

La trombe faulse dissimulant folie
Fera Bisance vn changement de loys:
Hystra d'Egypte qui veult que l'on deslie
Edict changeant monnoyes & aloys.

41

Siege en cité,& de nuict assaillie,
Peu eschapés:non loing de mer conflict.
Femme de ioye,retours filz defaillie
Poison & lettres cachées dans le plic.

42

Le dix Kalendes d'Apuril de faict Gotique
Resuscité encor par gens malins:
Le feu estainct,assemblée diabolique
Cherchant les or du d'Amant & Pselyn.

43

Auant qu'auienne le changement d'empire,
Il auiendra vn cas bien merueilleux,
Le champ mué,le pillier de porphyre
Mis,translaté sus le rochier noilleux.

44

En brief seront de retour sacrifices,
Contreuenants seront mis à martyre:
Plus ne seront moines abbés ne nouices:
Le miel sera beaucoup plus cher que cire.

45

Secteur de sectes grand preme au delateur:
Beste en theatre,dressé le ieu scenique:
Du faict antique ennobli l'inuenteur,
Par sectes monde confus & scismatique.

46

Tout aupres d'Aux, de Lectore & Mirande

Grand feu du ciel en troys nuicts tumbera:
Cause auiendra bien stupende & mirande:
Bien peu apres la terre tremblera.

47

Du lac Leman les sermons facheront:
Des iours seront reduicts par les sepmaines,
Puis mois,puis an,puis tous deffailliront,
Les magistrats damneront leurs loys vaines.

48

Vingt ans du regne de la lune passés
Sept mil ans autre tiendra sa monarchie:
Quand le soleil prendra ses iours lassés
Lors accomplir & mine ma prophetie.

49

Beaucoup beaucoup auant telles meneés
Ceux d'Orient par la vertu lunaire
Lan mil sept cent feront grand emmenées
Subiugant presques le coing Aquilonaire.

50

De l' aquatique triplicité naistra
D'vn qui fera le ieudy pour sa feste:
Son bruit,loz, regne,sa puissance croistra,
Par terre & mer aux orients tempeste.

51

Chef d' A ries,Iuppiter & Saturne,
Dieu eternel quelles mutations!
Puis par long siecle son maling temps retourne,
Gaule & Itale quelles esmotions!

52

Les deux malins de Scorpion conioints,
Le grand seigneur meurtri dedans sa salle:
Peste à l'eglise par le nouveau roy ioint,
L'Europe basse & Septentrionale.

53

Las qu'on verra grand peuple tormenté
Et la loy saincte en totale ruine
Par aultres loyx toute Chrestienté,
Quand d'or d'argent trouue nouuelle mine.

54

Deux revolts faits du malin falcigere,
De regne & siecles faict permutation:
Le mobil signe à son endroict si ingere
Aux deux egaux & d'inclination.

55

Sous l' opposite climat Babylonique
Grande sera de sang effusion,
Que terre & mer,aïr,ciel sera inique:

Secte,faim,regnes, pestes,confusion.

56

Vous verrés tost & tard faire grand change
Horreurs extremes, & vindications,
Que si la lune conduicte par son ange
Le ciel s'approche des inclinations.

57

Par grand discord la trombe tremblera.
Accord rompu dressant la teste au ciel:
Bouche sanglante dans le sang nagera:
Au sol sa face ointe de laict & miel.

58

Trenché le ventre,naistra auec deux testes,
Et quatre bras:quelques an s entier viura:
Iour qui Alquilloye celebrera ses festes
Foussan,Turin,chief Ferrare suyura.

59

Les exiles deportés dans les isles
Au changement d'vng plus cruel monarque,
Seront meurtrys: & mis deux des scintilles
Qui de parler ne seront estés parques.

60

Vn Empereur naistra pres d'Italie,
Qui a l'Empire sera vendu bien cher,
Diront auecques quels gens il se ralie
Qu'on trouuera moins prince que boucher.

61

La republique miserable infelice
Sera vastée du nouueau magistrat:
Leur grand amas de l'exil malefice
Fera Sueue rauir leur grand contract.

62

La grande perte las que feront les letres:
Auant le cicle de Latona parfaict,
Feu,grand deluge plus par ignares sceptres
Que de long siecle ne se verra refaict.

63

Les fleaux passés diminue le monde
Long temps la paix terres inhabitées
Seur marchera par ciel,terre,mer, & onde:
Puis de nouueau les guerres suscitées.

64

De nuit soleil penseront auoir veu
Quand le pourceau demy-homme on verra,
Bruict,chant,bataille,au ciel battre aperceu
Et bestes brutes a parler lon orra.

65

Enfant sans mainsiamais veu si grand foudre:
L'enfant royal au ieu d'œsteuf blessé.
Au puy brises:fulgures alant mouldre:
Trois sous les chaines par le milieu troussés:

66

Celui qui lors portera les nouuelles,
Apres vn peu il viendra respirer.
 Viuiers,Tournon,Montferrant & Pradelles,
Gresle & tempestes les fera souspirer.

67

La grand famine que ie sens approcher,
Souuent tourner,puis estre vniuersele,
Si grande & longue qu'on viendra arracher
Du bois racine,& l'enfant de mammelle.

68

O quel horrible & malheureux torment
Troys innocens qu'on viendra à liurer.
Poyson suspecte,mal garde tradiment
Mis en horreur par bourreaux enyurés.

69

La grand montaigne ronde de sept estades,

Apres paix,guerre,faim,inundation,
Roulera loing abysmant grands contrades,
Mesmes antiques,& grand fondation.

70

Pluie,faim,guerre en Perse non cessée
La foy trop grande trahira le monarque,
Par la finie en Gaule commencée:
Secret augure pour à vng estre parque.

71

La tour marine troys foys prise & reprise
Par Hespagnols,barbares,Ligurins:
Marseille & Aix, Arles par ceux de Pise
Vast,feu,fer,pillé Auignon des Thurins.

72

Du tout Marseille des habitans changée,
Course & poursuitte iusques au pres de Lyon.
Narbon.Tholoze par Bourdeaux outragee:
Tués captifz presque d'vn milion.

73

France à cinq pars par neglect assaillie
Tunys,Argiels esmeus par Persiens,
Leon,Seuille,Barcelonne faillie
N'aura la classe par les Venitiens.

74

Apres seiourné vogueront en Epire:
Le grand secours viendra vers Antioche,
Le noir poil crespe tendra fort à l'empire:
Barbe d'ærain le roustira en broche.

75

Le tyran Siene occupera Sauone:
Le fort gaigné tiendra classe marine:
Les deux armées par la marque d'Ancone
Par effraieur le chef s'en examine.

76

D'vn nom farouche tel proferé sera,
Que les troys seurs auront fato le nom:
Puis grand peuple par langue & faict duira
Plus que nul autre aura bruit & renom

77

Entre deux mers dressera promontoire
Que puis mourra par le mords du cheual:
Le sien Neptune pliera voyle noire,
Par Calpre & classe aupres de Rocheual.

78

D'un chief viellard naistra sens hebete,
Degenerant par sauoir & par armes

Le chef de Françe par sa sœur redouté:
Champs diuisés,concedés aux gendarmes.

79

Bazaz,Lectore,Condon,Ausch,& Agine
Esmeus par loys,querele & monopole.
Car Bourd. Thoulouze Bay.metra en ruine
Renouueler voulant leur tauropole.

80

De la sixiesme claire splendeur celeste
Viendra tonner si fort en la Bourgoigne:
Puis naistra monstre de treshideuse beste.
Mars,apuril,May,Iuing grand charpin & rongne.

81

D'humain troupeau neuf seront mis à part
De iugement & conseil separés:
Leur fort sera diuisé en depart
Kappa, Qhita, Lambda mors,bannis esgarés.

82

Quand les colomnes de bois grande tremblée
D' Auster conduicte couuerte de rubriche
Tant vuidera dehors grand assemblée,
Trembler Vienne & le païs d' Austriche.

83

La gent estrange diuisera butins,
Saturne en Mars son regard furieux:
Horrible strage aux Tosquans & Latins,
Grecs,qui seront à frapper curieux.

84

Lune obscurcie aux profondes tenebres,
Son frere passe de couleur ferrugine:
Le grand caché long temps sous les latebres,
Tiedera fer dans la plaie sanguine.

85

Par la response de dame,roy troublé:
Ambadassadeurs mespriseront leur vie:
Le grand ses freres contrefera doublé
Par deus mourront,ire,haine,enuie.

86

La grande royne quand se verta vaincu,
Fera exces de masculin courraige:
Sus cheual,fluue passera toute nue,
Suite par fer: à foy fera oultrage.

87

Ennosigée feu du centre de terre
Fera trembler au tour de cité neusue:
Deux grands rochiers long temps feront la guerre

Puis Arethusa rougira nouueau fleuue.

88

Le diuin mal surprendra le grand prince
Vn peu deuant aura femme espousée,
Son puy & credit à vn coup viendra mince,
Conseil mourra pour la teste rasée.

89

Touts ceux de Ilerde seront dedans Mosselle,
Metans à mort tous ceux de Loyre & Seine:
Secours marin viendra pres d'haulte velle
Quand Hespagnols ouurira toute veine.

90

Bourdeaux,Poitiers,au son de la campane,
A grande classe ira iusques à l'Angon,
Contre Gauloys sera leur tramontane,
Quand monstres hideux naistra pres de Orgon.

91

Les dieux feront aux humains apparence,
Ce quils seront auteurs de grand conflit:
Auant ciel veu serain espée & lance,
Que vers main gauche sera plus grand afflit

92

Sous vn la paix par tout sera clamée,
Mais non long temps pille & rebellion,
Par refus ville,terre & mer entamée,
Morts & captifz le tiers d'vn milion.

93

Terre Italique pres des monts tremblera,
Lyon & coq non trop confederés,
En lieu de peur l'un l'autre saidera
Seul Castulon & Celtes moderés.

94

Au port Selin le tyran mis à mort
La liberté non pourtant recouurée:
Le nouueau Mars par vindicte & remort:
Dame par force de frayeur honorée.

95

Deuant moustier trouué enfant besson
D'heroic sang de moine & vestutisque:
Son bruit par secte langue & puissance son
Qu'on dira fort eleué le vopisque.

96

Celui qu' aura la charge de destruire
Temples,& sectes,changés par fantasie,
Plus aux rochiers qu'aux viuans viendra nuire
Par langue ornée d'oreilles ressaisies.

97

Ce que fer flamme n' asceu paracheuer,
La doulce langue au conseil viendra faire.
Par repos,songe,le roy fera resuer.
Plus l'ennemi en feu,sang militaire.

98

Le chef qu'aura conduit peuple infini
Loing de son ciel,de meurs & langue estrange:
Cinq mil en Crete & Thessale fini,
Le chef fuiant sauué en marine grange.

99

Le grand monarque que fera compaignie
Auecq deux roys vnis par amitié:
O quel souspir fera la grand mesnie:
Enfants Narbon à l'entour quel pitie!

100

Long temps au ciel sera veu gris oiseau
Au pres de Dole & de Tousquane terre,
Tenant au bec vn verdoiant rameau,
Mourra tost grand,& finira la guerre.

DEUXIÈME CENTURIE

101

Vers Aquitaine par insults Britanniques,
De par eux mesmes grandes incursions.
Pluies,gelées feront terroirs iniques,
Port Selyn fortes fera inuasions.

102

La teste blue fera la teste blanche
Autant de mal que France a fait leur bien.
Mort a l'anthenne grand pendu sus la branche,
Quand prins des siens le roy dira combien.

103

Pour la chaleur solaire sus la mer
De Negrepont les poissons demis cuits:
Les habitants les viendront entamer
Quand Rod.& Gennes leur faudra le biscuit

104

Depuis Monech iusques au pres de Secile
Toute la plage demourra desolée,
Il ny aura fauxbourg,cité,ne vile
Que par Barbares pillée soit & vollée.

105

Qu' en dans poisson,fer & letre enfermée
Hors sortira qui puys fera la guerre,
Aura par mer sa classe bien ramée
Apparoissant pres de Latine terre.

106

Aupres des portes & dedans deux cités
Seront deux fleaux onques n'aperceu vn tel,
Faim dedans peste,de fer hors gens boutés,
Crier secours au grand Dieu immortel.

107

Entre plusieurs aux isles deportés
L'vn estre nay à deux dens en la gorge
Mourront de faim les arbres esbrotés
Pour eux neuf roy nouel edict leur forge.

108

Temples sacrés prime façon Romaine
Reieteront les goffes fondements,
Prenant leurs loys premieres & humaines,
Chassant,non tout,des saints les cultements.

109

Neuf ans le regne le maigre en paix tiendra,
Puis il cherra en soif si sanguinaire:
Pour luy grand peuple sans foy & loy mourra
Tué par vn beaucoup plus de bonnaire.

110

Auant long temps le tout sera rangé
Nous esperons vn siecle bien senestre:
L'estat des masques & des seulz bien changé
Peu troueront qu'a son rang veuille estre.

111

Le prochain fils de l'asnier paruiendra
Tant esleué iusques au regne des fors,
Son aspre gloire vn chascun la craindra,
Mais ses enfants du regne getés hors.

112

Yeux clos,ouuerts d'antique fantasie
L'habit des seulz seront mis à neant,
Le grand monarque chastiera leur frenesie:
Rauir des temples le tresor par deuant.

113

Le corps sans ame plus n'estre en sacrifice.
Iour de la mort mis en natiuité.
L'esprit diuin fera l'ame felice
Voiant le verbe en son eternité.

114

A. Tours,Iean, garde seront yeux penetrants

Descrouuriront de loing la grand sereyne,
Elle & sa suitte au port seront entrants
Combats,poulsés,puissance souueraine.

115

Vn peu deuant monarque trucidé?
Castor Pollux en nef,astre crinite.
L'erain publiq par terre & mer vuidé
Pise, Ast, Ferrare, Turin, terre interdicte.

116

Naples,Palerme,Secille,Syracuses
Nouueaux tyrans,fulgures feuz celestes:
Force de Londres,Gand,Brucelles,& Suses
Grand hecatombe,triumphe,faire festes.

117

Le camp du temple de la vierge vestale,
Non esloigné d'Ethne & monts Pyrenées:
Le grand conduict est caché dens la male
North.getés fluues & vignes mastinées.

118

Nouuelle & pluie subite impetueuse
Empeschera subit deux exercites.
Pierre, ciel,feuz faire la mer pierreuse,
La mort de sept terre & marin subites.

119

Nouueaux venus,lieu basti sans defense,
Occuper place par lors inhabitable.
Prez,maisons,champs,villes prendre a plaisance,
Faim,peste,guerre, arpen long labourable.

120

Freres & seurs en diuers lieux captifs
Se trouueront passer pres du monaque,
Les contempler ses rameaux ententifz,
Desplaisant voir menton,front,nez,les marques.

121

L' embassadeur enuoyé par biremes
A mi chemin d'incogneuz repoulses:
De sel renfort viendront quatre triremes,
Cordes & chaines en Negrepont troussés.

122

Le camp Asop d'Eurotte partira,
S'adioignant proche de lisle submergée:
D' Arton classe phalange pliera,
Nombril du monde plus grand voix subrogée.

123

Palais,oyseaux,par oyseau dechassé,
Bien tost apres le prince preuenu,

Combien qu'hors fleuue enemis repoulsé
Dehors saisi trait d'oyseau soustenu.

124

Bestes farouches de faim fluues tranner:
Plus part du camp encontre Hister sera,
En caige de fer le grand fera treisner,
Quand R in enfant Germain obseruera.

125

La garde estrange trahira forteresse:
Espoir & vmbre de plus hault mariage.
Garde deceue,sort prinse dans la presse,
Loyre,Son.Rosne,Gar.à mort oultrage.

126

Pour la faueur que la cité fera
Au gran qui tost perdra champ de bataille,
Fuis le rang Po,Thesin versera
De sang,feuz,morts,noyes de coup de taille.

127

Le diuin verbe sera du ciel frapé,
Qui ne pourra proceder plus auant.
Du reserant le secret estoupé
Qu'on marchera par dessus & deuant.

128

Le penultime du surnom du prophete
Prendra Diane pour son iour & repos:
Loing vaguera par frenetique teste,
Et deliurant vn grand peuple d'impos.

129

L'oriental sortira de son siege,
Passer les monts Apennins,voir la Gaule:
Transpercera du ciel les eaux & neige:
Et vn chascun frapera de sa gaule.

130

Vn qui les dieux d' Annibal infernaulx
Fera renaistre,effrayeur des humains
Oncq' plus d'horreurs ne plus pire iournaux
Qu'auint viendra par Babel aux Romains.

131

En Campanie Cassilin sera tant
Qu'on ne verra que d'eaux les champs couuerts
Deuant apres la pluye de long temps
Hors mis les arbres rien l'on verra de vert.

132

Laict,sang,grenoilles escoudre en Dalmatie,
Conflit donné,peste pres de Balenne:
Cry sera grand par toute Esclauonie

Lors naistra monstre pres & dedans Rauenne.

133

Par le torrent qui descent de Verone
Par lors qu'au Po guindera son entrée,
Vn grand naufraige,& non moins en Garonne
Quant ceux de Gennes marcheront leur contrée.

134

L' ire insensée du combat furieux
Fera à table par freres le fer luire
Les despartir mort,blessé,curieux:
Le fier duelle viendra en France nuire.

135

Dans deux logis de nuit le feu prendra,
Plusieurs dedans estoufés & rostis.
Pres de deux fleuues pour seur il auiendra
Sol,l' Arq,& Caper tous seront amortis.

136

Du grand Prophete les letres seront prinses
Entre les mains du tyrant deuiendront:
Frauder son roy seront ses entreprinses,
Mais ses rapines bien tost le troubleront.

137

De ce grand nombre que lon enuoyera
Pour secourir dans le fort assiegés,
Peste & famine tous les deuorera
Hors mis septante qui seront profligés.

138

Des condemnés sera fait vn grand nombre
Quand les monarques seront conciliés:
Mais a l'vn d'eux viendra si malencombre
Que guerres ensemble ne seront raliés.

139

Vn an deuant le conflit Italique,
Germain,Gaulois,Hespagnols pour le fort:
Cherra l'escolle maison de republique,
Ou,hors mis peu,seront suffoqués morrs.

140

Vn peu apres non point longue interualle.
Par mer & terre sera fait grand tumulte,
Beaucoup plus grande sera pugne nauale,
Feus,animaux,qui plus feront d'insulte.

141

La grand' estoile par sept iours bruslera,
Nuée fera deux soleils apparoir:
Le gros mastin toute nuit hurlera
Quand grand pontife changera de terroir.

142

Coq,chiens,& chats de sang seront repeus,
Et de la plaie du tyrant trouué mort,
Au lict d'vun autre iambes & bras rompus,
Qui n'auoit peur mourir de cruel mort.

143

Durant l' estoyle cheuelue apparente,
Les trois grans princes seront fait ennemis,
Frappes du ciel,paix terre tremulente.
Po,Tymbre vndants,serpant sus le bort mis.

144

L'aigle pousée en tour des pauillons
Par autres oyseaux d'entour sera chassée,
Quand bruit des cymbres,tubes & sonnaillons
Rendront le sens de la dame insensée.

145

Trop le ciel pleure l' Androgyn procrée,
Pres de ce ciel sang humain respandu,
Par mort trop tarde grand peuple recrée
Tard & tost vient le secours attendu.

146

Apres grandtrouble humain, plus grand s'aprest

Le grand mouteur les siecles renouuele.
Pluie,sang,laict,famine,fer,& peste
Au ciel veu,feu courant longue estincele.

147

L'ennemi grand viel dueil meurt de poison:
Les souuerains par infinis subiuguez.
Pierres plouuoir,cachés sous la toison:
Par mort articles en vain sont allegués.

148

La grand copie que passera les monts.
Saturne en l'Arq tournant du poisson Mars
Venins cachés sous testes de saulmons:
Leurs chief pendu à fil de polemars.

149

Les conseilliers du premier monopole,
Les conquerants seduits pour la Melite:
Rodes,Bisance pour leurs exposant pole:
Terre faudra les poursuiuants de fuite.

150

Quand ceux d' Ainault,de Gand & de Brucelles
Verront à Langres le siege deuant mis
Derrier leurs flancz seront guerres crueles,
La plaie antique fera pis qu'ennemis.

151

Le sang du iuste à Londres fera faute
Bruslés par fouldres de vint trois les six.
La dame antique cherra de place haute:
De mesme secte plusieurs seront occis.

152

Dans plusieurs nuits la terre tremblera:
Sur le prins temps deux effors suite:
Corynthe,Ephese aux deux mers nagera:
Guerre s'esmeut par deux vaillans de luite.

153

La grande peste de cite maritime
Ne cessera que mort ne soit vengée
Du iuste sang,par pris damne sans crime
De la grand dame par feincte n'outraigée.

154

Par gent estrange,& de Romains loingtaine
Leur grand cité apres eaue fort troublée,
Fille sans main,trop different domaine,
Prins chief,sarreure n'auoir esté riblée.

155

Dans le conflit le grand qui peuvalloyt,
A son dernier fera cas meruelleux:
Pendant qu'Hadrie verra ce qu'il falloyt,

Dans le banquet pongnale l'orguilleux.

156

Que peste & glaiue n'a peu seu definer
Mort dans le puys,sommet du ciel frappé.
L'abbé mourra quand verra ruiner
Ceulx du naufraige l'escueil voulant grapper.

157

Auant conflit le grand mur tumbera:
Le grand à mort,mort trop subite & plainte:
Nay imparfaict:la plus part nagera:
Aupres du fleuue de sang la terre tainte.

158

Sans pied ne main par dend ayguë & forte
Par globe au fort deporc & laisné nay:
Pres du portail desloyal se transporte
Silene luit,petit grand emmené.

159

Classe Gauloyse par apuy de grand garde
Du grand Neptune,& ses tridents souldars
Rousgée Prouence pour sostenir grand bande:
Plus Mars Narbon.par iauelotz & dards.

160

La foy Punicque en Orient rompue
Gang.Iud.& Rosne,Loyre , & Tag changeront,
Quand du mulet la faim sera repue,
Classe espargie,sang & corps nageront.

161

Euge,Tamins,Gironde & la Rochele:
O sang Troien! Mars au port de la flesche
Derrier le fleuue au fort mise l'eschele,
Pointes a feu gran meurtre sus la bresche.

162

Mabus puis tost alors mourra,viendra
De gens & bestes vne horrible defaite:
Puis tout à coup la vengence on verra
Cent, main,soif,faim,quand courra la comete.

163

Gaulois, Ausone bien peu subiuguera,
Po,Marne,& Seine fera Perme l'vrie
Qui le grand mur contre eux dressera
Du moindre au mur le grand perdra la vie.

164

Seicher de faim,de soif gent Geneuoise
Espoir prochain viendra au defaillir,
Sur point tremblant sera loy Gebenoise.
Classe au grand port ne se peult acuilir.

165

Le parc enclin grande calamité
Par l'Hesperie & Insubre fera:
Le feu en nef,peste & captiuité:
Mercure en l' Arq Saturne fenera.

166

Par grans dangiers le captif echapé:
Peu de temps grand la fortune changée.
Dans le palais le peuple est atrapé
Par bon augure la cité est assiegée.

167

Le blonde au nez forche viendra commetre
Par le duelle & chassera dehors:
Les exiles dedans fera remetre
Aux lieux marins commetant les plus forts.

168

De l' A quilon les effors seront grands:
Sus l'Ocean sera la porte ouuerte,
Le regne en l'isle sera reintegrand:
Tremblera Londres par voile descouuerte.

169

Le roy Gauloys par la Celtique dextre

Voiant discorde de la grand Monarchie,
Sus les trois pars fera fleurir son sceptre,
Contre la cappe de la grand Hirarchie.

170

Le dard du ciel fera son extendue
Mors en parlant:grande execution.
La pierre en l'arbre,la fiere gent rendue,
Brut,humain monstre,purge expiation.

171

Les exilés en Secile viendront
Pour deliurer de faim la gent estrange:
Au point du iour les Celtes luy faudront:
La vie demeure a raison:roy se range.

172

Armée Celtique en Italie vexée
De toutes pars conflit & grande perte:
Romains fuis,ô Gaule repoulsée.
Pres du Thesin,Rubicon pugne incerte.

173

Au lac Fucin de Benac le riuaige
Prins du Leman au port de l'Orguion:
Nay de troys bras predict belliq image,
Par troys couronnes au grand Endymion.

174

DeSens,d'Autun viendront iusques auRosne
Pour passer outre vers les monts Pyrenées:
La gent sortir de la Marque d'Anconne:
Par terre & mer le suiura à grans trainées.

175

La voix ouye de l'insolit oyseau,
Sur le canon du respiral estaige,
Si haut viendra du froment le boisseau,
Que l'homme d'homme sera Anthropophage.

176

Foudre en Bourgoigne fera cas portenteux,
Que par engin ne pourroit faire
De leur senat sacriste fait boiteux
Fera sauoir aux ennemis l'affaire

177

Par arcs feuz poix & par feuz repoussés:
Cris,hurlements sur la minuit ouys.
Dedans sont mis par les ramparts cassés
Par cunicules les traditeurs fuis.

178

Le grand Neptune du profond de la mer
De gent Punique & sang Gauloys meslé,

Les Isles à sang,pour le tardif ramer:
Plus luy nuira que l'occult mal celé.

179

La barbe crespe & noire par engin
Subiuguera la gent cruele & fiere.
Le grand CHYREN ostera du longin
Tous les captifs par Seline baniere.

180

Apres conflit du lesé l'eloquence
Par peu de temps se tramme faint repos:
Point l'on n'admet les grands à deliurance:
Les ennemis sont remis à propos.

181

Par feu du ciel la cité presque aduste:
L'Vrne menasse encor Deucalion:
Vexée Sardaigne par la Punique fuste
Apres que Libra lairra son Phaëton.

182

Par faim la proye fera loup prisonnier
L'assaillant lors en extreme detresse.
Le nay aiant au deuant le dernier,
Le grand n'eschappe au milieu de la presse.

183

Le gros trafficq du grand Lyon change
La plus part tourne en pristine ruine,
Proye aux souldars par pille vendange
Par Iura mont & Sueue bruine.

184

Entre Campaigne,Sienne,Flora,Tuscie
Six moys neufz iours ne plouura vne goute.
L'estrange langue en terre Dalmatie
Courira sus:vastant la terre toute.

185

Le vieux plain barbe sous l'estatut seuere,
A Lyon fait dessus l' Aigle Celtique:
Le petit grand trop outre perseuere:
Bruit d'arme au ciel:mer rouge Lygustique:

186

Naufraige a classe pres d'onde Hadriatique:
La terre esmeuë sus l'air en terre mis:
Egypte tremble augment Mahommetique
L'Herault soy rendre à crier est commis.

187

Apres viendra des extremes contrées
Prince Germain sus le throsne doré:
La seruitude & eaux rencontrees

La dame serue,son temps plus n'adoré.

188

Le circuit du grand faict ruineux
Le nom septiesme du cinquiesme sera:
D'vn tiers plus grand l'estrange belliqueux.
Monton,Lutece,Aix ne garantira.

189

Du iou seront demis les deux grandz maistres
Leur grand pouuoir se verra augmenté:
La terre neufue sera en ses haults estres:
Au sanguinaire le nombre racompté.

190

Par vie & mort changé regne d'Ongrie:
La loy sera plus aspre que seruice,
Leur grand cité d'vrlements plaincts & crie:
Castor & Pollux ennemis dans la lyce.

191

Soleil leuant vn grand feulon verra
Bruit & clarté vers Aquilon tendant:
Dedans le rond mort & cris lont orra
Par glaiue,feu,faim,mort les attendants.

192

Feu couleur d'or du ciel en terre veu:
Frappé du hault,nay,fait cas merueilleuz:
Grad meurtre humain:prins du grand le nepueu,
Morts d'expectacles eschappé l'orguilleux.

193

Bien pres du Tymbre presse la Libytine:
Vng peu deuant grand inundation:
Le chef du nef prins,mis a la sentine:
Chasteau,palais en conflagration.

194

Gran.Po,grand mal pour Gauloys receura,
Vaine terreur au maritin Lyon:
Peuple infini par la mer passera,
Sans eschapper vn quart d'vn milion.

195

Les lieux peuples seront inhabitables:
Pour champs auoir grande diuision:
Regnes liurés a prudents incapables:
Lors les grands freres mort & dissension.

196

Flambeau ardent au ciel soir sera veu
Pres de la fin & principe du Rosne:
Famine,glaiue:tard le secours pourueu,
La Perse tourne enuahir Macedoine.

197

Romain Pontife garde de t'approcher
De la cité qui deux fleuues arrouse,
Ton sang viendras au pres de la cracher,
Toy & les tiens quandfleurira la rose.

198

Celuy du sang resperse le visaige
De la victime proche sacrifiée:
Tonant en Leo augure par presaige:
Mis estre à mort lors pour la fiancée.

199

Terroir Romain qu' interpretoit augure,
Par gent Gauloyse sera par trop vexée:
Mais nation Celtique craindra l'heure,
Boreas,classe trop loing l'auoir poussée.

200

Dedans les isles si horrible tumulte,
Rien on n'orra qu'vne bellique brigue,
Tant grand sera des predateurs l'insulte,
Qu'on se viendra ranger à la grand ligue.

TROISIÈME CENTURIE

201

Apres combat & bataille nauale,
Le grand Neptune à son plus hault beffroy,
Rouge auersaire de fraieur viendra pasle,
Metant le grand ocean en effroy.

202

Le diuin verbe donrra à la sustance
Comprins ciel terre,or occult au fait mystique
Corps,ame,esprit aiant toute puissance,
Tant sous ses pieds,comme au siege celique.

203

Mars & Mercure & l'argent ioint ensemble
Vers le midi extreme siccité:
Au fond d'Asie on dira terre tremble,
Corinthe,Ephese lors en perplexité.

204

Quand seront proches le defaut des lunaires,
De l'vn a l'autre ne distant grandement,
Ftoid,siccité,danger vers les frontieres,
Mesmes ou l'oracle a prins commencement.

205

Pres,loing defaut de deux grand luminaires

Qui suruiendra entre l' Auril & Mars.
O quel cherté! mais deux grands debonaires
Par terre & mer secourront toutes pars.

206

Dans temples clos le foudre y entrera,
Les citadins dedans leurs forts greués:
Cheuaux,beufs,hommes,l'onde mur touchera,
Par faim,soif sous les plus foibles arnés.

207

Les fuitifs,feu du ciel sus les piques:
Conflit prochain des corbeaux s'esbatans,
De terre on crie aide secour celiques,
Quand pres des murs seront les combatans

208

Les Cimbres ioints auecques leurs voisins,
Depopuler viendront presque l'Hespaigne:
Gents amassés Guienne & Limosins
Seront en ligue,& leur feront compaignie.

209

Bourdeaux,Rouen & la Rochele ioints
Tiendront au tour la grand mer oceane:
Anglois,Bretons & les Flamans conioints
Les chasseront iusques au-pres de Roane

210

De sang & faim plus grande calamité
Sept fois s'apreste à la marine plage,
Monech de faim,lieu prins,captiuité,
Le grand mené croc en ferrée caige.

211

Les armes batre au ciel longue saison,
L'arbre au milieu de la cité tumbé:
Vermine,rongne,glaiue en face tyson,
Lors le monarque d'Hadrie succombé.

212

Par la tumeur de Heb.Po,Tag. Timbre & Rosne
Et par l'estang Leman & Aretin,
Les deux grans chefs & cites de Garonne
Prins,morts,noies.Partir humain butin.

213

Par foudre en l'arche or & argent fondu:
Des deux captifs l'vn l'autre mangera:
De la cité le plus grand estendu,
Quand submergée la classe nagera.

214

Par le rameau du vaillant personage
De France infime:par le pere infelice

Honneurs,richesses trauail en son viel aage
Pour auoir creu le conseil d'homme nice.

215

Cueur, vigueur,gloire le regne changera
De tous points contre aiant son aduersaire.
Lors France enfance par mort subiuguera.
Le grand regent sera lors plus contraire.

216

Le prince Anglois Mars à son cueur de ciel
Voudra poursuiure sa fortune prospere,
Des deux duelles l'vn percera le fiel:
Hay de lui,bien aymé de sa mere.

217

Mont Auentine brusler nuit sera veu:
Le ciel obscur tout à vn coup en Flandres,
Quand le monarque chassera son nepueu:
Leurs gens d'Eglise commetront les esclandres.

218

Apres la pluie laict assés longuete,
En plusieurs lieux de Reins le ciel touché
Helasquel meurtre de seng pres d'eux s'apreste.
Peres & filz rois n'oseront aprocher.

219

En Luques sang & laict viendra plouuoir:
Vn peu deuant changement de preteur,
Grand peste & guerre,faim & soif fera voyr
Loing,ou mourra leur prince recteur.

220

Par les contrées du grand fleuue Bethique
Loing d'Ibere,au regne de Granade,
Croix repoussées par gens Mahumetiques
Vn de Cordube trahira la contrade.

221

Au crustamin par mer Hadriatique
Apparoistra vn horride poisson,
De face humaine,& la fin aquatique,
Qui se prendra dehors de l'ameçon.

222

Six iours l' assaut deuant cité donné:
Liurée sera forte & aspre bataille:
Trois la rendront & à eux pardonné:
Le reste a feu & sang tranche traille.

223

Si France passes outre mer lygustique,
Tu te verras en isles & mers enclos:
Mahommet contraire:plus mer Hadriatique:

Cheuaux & d'asnes tu rougeras les os.

224

De l' entreprinse grande confusion,
Perte de gens,thresor innumerable:
Tu ny dois faire encor extension
France a mon dire fais que sois recordable.

225

Qui au royaume Nauarrois paruiendra
Quand de Secile & naples seront ioints:
Bigorre & Landes par Foyx Loron tiendra,
D'vn qui d'Hespaigne sera par trop conioint

226

Des rois & princes dresseront simulacres,
Augures,creuz esleués aruspices:
Corne,victime d'orée,& d'azur,d'acre:
Interpretés seront les extispices.

227

Prince Libyque puissant en Occident
Francois d' Arabe viendra tant enflammer:
Scauans aux letres fera condescendent,
La langue Arabe en Francois translater.

228

De terre foible & pauure parentele,
Par bout & paix paruiendra dans l'empire.
Long temps regner vne ieune femele,
Qu'oncq en regne n'en suruint vn si pire.

229

Les deux nepueus en diuers lieux nourris:
Nauale pugne,terre,peres tumbés
Viendront si haut esleués enguerris
Venger l'iniure:ennemis succombés.

230

Celuy qu'en luite & fer au fait bellique,
Aura porté plus grand que lui le pris,
De nuit au lit six lui feront la pique,
Nud sans harnois subit sera surpris.

231

Aux champs de Mede,d'Arabe & d'Armenie,
Deux grands copies trois foys s'assembleront:
Pres du riuage d'Araxes la mesnie,
Du grand Solman en terre tomberont.

232

Le grand sepulcre du peuple Aquitanique
S'aprochera aupres de la Tousquane,
Quand Mars sera pres du coing Germanique,
Et au terroir de la gent Mantuane.

233

En la cité ou le loup entrera,
Bien pres de là les ennemis seront:
Copie estrange grand païs gastera.
Aux murs & Alpes les amis passeront.

234

Quand le defaut du soleil lors sera,
Sus le plain iour le monstre sera veu:
Tout autrement on l'interpretera.
Cherté n'a garde: nul ny aura porueu.

235

Du plus profond de l' Occident d' Europe,
De pauures gens vn ieune enfant naistra,
Qui par sa langue seduira grande troupe:
Son bruit au regne d'Orient plus croistra.

236

Enseueli non mort apopletique
Sera trouue auoir les mains mangées:
Quand la cité damnera l'heretique,
Qu'auoit leurs loys si leur sembloit changées.

237

Auant l'assaut oraison prononcée:

Milan prins d'aigle par embusches deceuz:
Muraille antique par canons enfoncée,
Par feu & sang à mercy peu receuz.

238

La gent Gauloise & nation estrange
Outre les monts, morts prins & profligés:
Au mois contraire & proche de vendange
Par les seigneurs en accord rediges.

239

Les sept en trois mis en concorde
Pour subiuguer des alpes Apennines:
Mais la tempeste & Ligure couarde
Les profligent en subites ruines.

240

Le grand theatre se viendra redresser:
Le dez geté,& les rets ia tendus.
Trop le premier en glaz viendra lasser,
Par arcs prostraits de long temps ia fendus.

241

Bosseu sera esleu par le conseil,
Plus hideux monstre en terre n'aperceu.
Le coup volant prelat creuera l'œil:
Le traistre au roy pour fidele receu.

242

L'enfant naistra à deux dents à la gorge
Pierres en Tuscie par pluie tomberont:
Peu d'ans apres ne sera bled,ne orge,
Pour saouler ceux qui de faim failliront.

243

Gents d'alentour de Tarn,Loth,& Garonne,
Gardés les monts Apennines passer,
Vostre tombeau pres de Rome & d'Anconne
Le noir poil crespe fera trophée dresser.

244

Quand l'animal à l'homme domestique
Apres grands peines & saults viendra parler:
Le foudre à vierge sera si maleficque,
De terre prinse,& suspendue en l'air.

245

Les cinq estranges entrés dedans le temple,
Leur sang viendra la terre prophaner:
Aux Thoulousains sera bien dur exemple
D'un qui viendra ses loys exterminer.

246

Le ciel nous presaige
Par clairs insignes & par estoiles fixes,

Que de son change subit s'aproche l'aage,
Ne pour son bien, ne pour ses malefices.

247

Le vieux monarche deschassé de son regne
Aux Orients son secours ira querre:
Pour peur des croix pliera son enseigne:
En Mitilene ira pour port et terre.

248

Sept cents captifs estaches rudement
Pour la moitie meurtrir, donné le sort,
Le proche espoir viendra si promptement,
Mais non si tost qu'une quinzieme mort.

249

Regne Gauloys tu seras bien change:
En lieu estrange est translaté l'empire
Entre autres meurs,& loys seras rangé :
Rouan & Chartres te feront bien du pire.

250

La republicque de la grande cité
A grand rigueur ne voudra consentir:
Roy sortir hors par trompete cité
L'eschele au mur, la cité repentir.

251

Paris coniure vn grand meurtre commetre,
Bloys le fera sortir en plain effet:
Ceux d'Orleans voudront leur chef remetre,
Angiers,Troye,langres leur ferontgrandforfait.

252

En la Campaigne sera si longue pluie,
Et en la Pouile si grande siccité.
Coq verra l'aigle,l'aesle mal accomplie:
Par Lyon mise sera en extremité.

253

Quand le plus grand emportera le pris
De Nuremberg d' Auspurg,& ceux de Basle
Par Aggripine chef Francqfort repris
Transuerseront par Flamans iusques en Gale.

254

L'un des plus grands fuira aux Hespaignes,
Qu'en longue plaie apres viendra saigner:
Passant copies par les hautes montaignes
Deuastant tout & puis en paix regner.

255

En l' an qu' un oeil en France regnera,
La court sera à vn bien fascheux trouble:
Le grand de Bloys son ami tuera:
Le regne mis en mal & doute double.

256

Montauban,Nismes,Auignon, & Besier,
Peste,tonnerre & gresle à fin de Mars:
De Paris pont,Lyon mur,Montpellier,
Depuis six cent & sept XXIII.pars.

257

Sept foys changer verrés gent Britannique
Taintz en sang en deux cent nonante an:
Franche non point par apui Germanique.
Aries doute son pole Bastarnan.

258

Aupres du Rin des montaignes Noriques
Naistra vn grand de gents trop tard venu,
Qui defendra Savrom & Pannoniques,
Qu'on ne saura qu'il sera deuenu.

259

Barbare empire par le tiers vsurpé
La plus grand part de son sang metra à mort:
Par mort senile par luy le quart frapé,
Pour peur que sang par le sang ne soit mort.

260

Par toute Asie grande proscription,

Mesmes en Mysie,Lysie & Pamphylie:
Sang versera par absolution
D'un ieune noir rempli de felonnie.

261

La grande bande & secte crucigere
Se dressera en Mesopotamie:
Du proche fleuue compaignie legiere,
Que telle loy tiendra pour ennemie.

262

Proche del duero par mer Tyrrene close
Viendra percer les grands monts Pyrenées.
La main plus courte & sa percée gloze,
A Carcassonne conduira ses menées

263

Romain pouuoir sera du tout abas,
Son grand voysin imiter ses vestiges:
Occultes haines ciuiles,& debats
Retarderont aux bouffons leurs folligges.

264

Le chef de Perse remplira grande Olchade,
Classe trireme contre gent Mahumetique
De Parthe,& Mede:& piller les Cyclades:
Repos long temps au grand port Ionique.

265

Quand le sepulcre du grand Romain trouué,
Le iour apres sera esleu pontife,
Du senat gueres il ne sera prouué
Empoisonné son sang au sacré scyphe.

266

Le grand baillif d'Orleans mis à mort
Sera par vn de sang vindicatif:
De mort merite ne mourra,ne par sort:
Des pieds & mains mal le faisoit captif.

267

Vne nouuele secte de Philosophes
Mesprisant mort,or,honneurs & richesses,
Des monts Germains ne seront limitrophes:
A les ensuiure auront apui & presses.

268

Peuple sans chef d'Espagne & d'Italie
Morts,profligés dedans le Cherronnesse:
Leur duyct trahi par legiere folie
Le sang nager par tout à la trauerse.

269

Grand exercite conduict par iouuenceau,
Se viendra rendre aux mains des ennemis:

Mais le viellard nay au demi pourceau,
Fera Chalon & Mascon estre amis.

270

La grand Bretagne comprinse l' Angleterre
Viendra par eaux si hault à inunder
La ligue neusue d'Ausonne fera guerre,
Que contre eux mesmes il se viendront bander

271

Ceux dans les isles de long temps assiegés
Prendront vigueur force contre ennemis:
Ceux par dehors morts de faim profligés,
En plus grand faim que iamais seront mis.

272

Le bon viellard tout vif enseueli,
Pres du grand fleuue par fauce souspeçon:
Le nouueau vieux de richesse ennobli
Prins au chemin tout l'or de la rançon.

273

Quand dans le regne paruiendra le boiteux
Competiteur aura proche bastard:
Luy & le regne viendront si fort rogneux,
Qu'ains qu'il guerisse son fait sera bien tard.

274

Naples,Florence,Fauence & Imole,
Seront en termes de telle facherie,
Que pour complaire aux malheureux de Nolle,
Plainct d'auoir fait à son chef moquerie.

275

P A.V. Veronne,Vicence,Sarragousse
De glaifues loings terroirs de sang humides:
Peste si grande viendra à la grand gousse
Proches secours,& bien loing les remedes.

276

En Germanie naistront diuerses sectes,
S'approchans fort de l'heureux paganisme,
Le cueur captif & petites receptes,
Feront retour à payer le vray disme.

277

Le tiers climat soubz Aries comprins
Lan mil sept cens vingt & sept en Octobre,
Le roy de Perse par ceux d'Egypte prins:
Conflict,mort,perte:à la croix grand opprobe.

278

Le chef d'Escosse auec six d'Alemagne
Par gens de mer Orientaux captifs,

Transuerseront le Calpre & Hespagne
Present en Perse au nouueau roy craintif.

279

L' ordre fatal sempiternel par chaisne
Viendra tourner par ordre consequent:
Du port Phocen sera rompue la chaisne:
La cité prinse,l'ennemi quand & quand.

280

Du regne Anglois l'indigne deschassé,
Le conseillier par ire mis à feu:
Ses adherans iront si bas tracer,
Que le bastard sera demi receu.

281

Le grand criard sans honte audacieux,
Sera esleu gouuerneur de l'armée:
La hardiesse de son contentieux,
Le pont rompu,cité de peur pasmée:

282

Freins, Antibol,villes au tour de Nice,
Seront vastées fer, par mer & par terre:
Les sauterelles terre & mer vent propice,
Prins,morts,troussés,pilles sans loy de guerre.

283

Les lons cheueux de la Gaule Celtique
Accompagnés d'estranges nations,
Metront captif la gent Aquitanique,
Pour succomber à internitions.

284

La grand cité sera bien desolée
Des habitants vn seul ny demeurra:
Mur,sexe,temple,& vierge violée
Par fer,feu,peste,canon peuple mourra.

285

La cité prinse par tromperie & fraude,
Par le moyen d'vn beau ieune atrapé:
Lassaut donné Roubine pres de l'Avde
Luy & touts morts pour auoir bien trompé.

286

Le chef d' Ausonne aux Hespagnes ira
Par mer fera arrest dedans Marseille:
Auant sa mort vn long temps languira:
Apres sa mort lon verra grand merueille:

287

Classe Gauloyse n'aproches de Corseigne
Moins de sardaigne,tu t'en repentiras
Trestous mourres frustrés de laide Grogne:
Sang nagera:captif ne me croyras.

288

De Barcelonne par mer si grand armee,
Toute Marseille de frayeur tremblera:
Isles saisies de mer aide fermée,
Ton traditeur en terre nagera.

289

En ce temps la sera frustré Cypres
De son secours,de ceux de mer Egée:
Vieux trucidés:mais par masles & lyphres
Seduict leur roy,royne plus outragée.

290

Le grand Satyre & Tigre de Hyrcanie,
Don presente à ceux de l'Ocean:
Le chef de classe istra de Carmanie
Qui prendra terre au Tyrren Phocean.

291

L' arbre qu' auoit par long temps mort seché,
Dans vne nuit viendra a reuerdir:
Cron.roy malade,prince pied estaché
Craint d'ennemis fera voile bondir.

292

Le monde proche du dernier periode,

Saturne encor tard sera de retour:
Translat empire devers nation Brodde:
L'œil arraché à Narbon par Autour.

293

Dans Auignon tout le chef de l'empire
Fera arrest pour Paris desolé:
Tricast tiendra l' Annibalique ire:
Lyon par change sera mal consolé.

294

De cinq cent ans plus compte lon tiendra
Celuy qu'estoit l'ornement de son temps:
Puis à vn coup grande clarté donrra
Que par ce siecle les rendra trescontens.

295

La loy Moricque on verra defaillir:
Apres vne autre beaucoup plus seductiue,
Boristhenes premier viendra faillir:
Pardons & langue vne plus attractiue.

296

Chef de Fovssan aura gorge couper
Par le ducteur du limier & leurier:
Le faict patré par ceux du mont Tarpee
Saturne en Leo XIII.de Feurier.

297

Nouvelle loy terre neufue occuper
Vers la Syrie,Iudee,& Palestine:
Le grand empire barbare corruer,
Auant que Phebés son siecle determine.

298

Deus royals freres si fort guerroyeront
Qu'entre eux sera la guerre si mortelle,
Qu'vn chacun places fortes occuperont:
De regne & vie sera leur grand querele.

299

Aux champs herbeux d'Alein & du Varneigne,
Du mont Lebron proche de la Durance,
Camp de deux pars conflict sera sy aigre:
Mesopotamie defallira en la France.

Quatrième centurie

300

Entre Gaulois le dernier honoré,
D'homme ennemi sera victorieux:
Force & terroir en moment exploré,
D'vn coup de trait quand mourra l'enuieux.

301

Cela du reste de sang non espandu:
Venise quiert secours estre donné:
Apres auoir bien long temps attendu.
Cité liurée au premier corn sonné.

302

Par mort la France prendra voyage à faire
Classe par mer,marcher monts Pyrenées,
Hespagne en trouble,marcher gent militaire:
Des plus grand dames en France emmenées.

303

D'Arras & Bourges,deBrodes grans enseignes
Vn plus grand nombre de Gascons batre à pied,
Ceulx long du Rosne saigneront les Espaignes:
Proche du mont ou Sagonte s'assied.

304

L' impotent prince faché,plainctz & quereles.

De rapts & pilles par coqz & par libyques:
Grand est par terre,par mer infinies voiles,
Seure Italie sera chassant Celtiques.

305

Croix,paix,sous vn accompli diuin verbe,
L'Hespaigne & Gauleseront vnis ensemble.
Grand clade proche, & combat tresacerbe:
Cueur si hardi ne sera qui ne tremble.

306

D'habits nouueaux apres faicte la treuue,
Malice tramme & machination:
Premier mourra qui en fera la preuue
Couleur venise insidiation.

307

Le mineur filz du grand & hay prince,
De lepre aura à vingt ans grande tache:
De dueil sa mere mourra bien triste & mince.
Et il mourra la ou toumbe chet lache.

308

La grand cité d'assaut prompt repentin
Surprins de nuict,gardes interrompus
Les excubies & veilles saint Quintin
Trucidés, gardes & les pourtails rompus.

309

Le chef du camp au milieu de la presse
D'vn coup de fleche sera blessé aux cuisses,
Lors que Geneue en larmes & detresse
Sera trahie par Lozan & Souysses.

310

Le ieune prince accusé faulsement
Metra en trouble le camp & en querelles:
Meurtri le chef pour le soustenement:
Sceptre apaiser:puis guerirescroueles.

311

Celuy qu'aura gouuert de la grand cappe
Sera induict a quelque cas patrer:
Les XII.rouges viendront souiller la nappe
Sous meurtre,meurtre se viendra perpetrer

312

Le camp plus grand de route mis en fuite,
Gueres plus outre ne sera pourchassé:
Ost recampé,& legion reduicte
Puis hors des Gaules du tout sera chassé.

313

De plus grand perte nouuelles raportées,
Le raport fait le camp s'estonnera:

Bandes vnies encontre reuoltées:
Double phalange grand abandonnera.

314

La mort subite du premier personnaige
Aura changé & mis vn autre au regne:
Tost,tard venu à si haut & bas aage,
Que terre & mer faudra que lon le craigne.

315

D' ou pensera faire venir famine,
De la viendra le ressasiement:
L'œil de la mer par auare canine
Pour de l'vn l'autre donrra huyle, froment.

316

La cité franche de liberté fait serue:
Des profligés & resueurs faict asyle.
Le roy changé à eux non si proterue:
De cent seront deuenus plus de mille.

317

Changer à Beaune,Nuy,Chalons & Digeon
Le duc voulant amander la Barrée
Marchant pres fleuue,poisson,bec de plongeon,
Verra la queue:porte sera serrée.

318

Des plus letrés dessus les faits celestes
Seront par princes ignorants reprouués:
Punis d'Edit,chassés,comme scelestes,
Et mis à mort la ou seront trouués.

319

Deuant Rovan d'Insubres mis le siege,
Par terre & mer enfermés les passages.
D'Haynault,& Flandres,de Gand & ceux de Liege
Par dons lænees rauiront les riuages.

320

Paix vberté long temps lieu louera
Par tout son regne desert la fleur de lis:
Corps morts d'eau,terre la lon aportera,
Sperants vain heur d'estre la enseuelis.

321

Le changement sera fort difficile:
Cité,prouince au change gain fera:
Cueur haut,prudent mis,chassé lui habile,
Mer,terre,peuple son estat changera.

322

La grand copie qui sera deschassée,
Dans vn moment fera besoing au roy:
La foy promise de loing sera fauscee

Nud se verra en piteux desarroy.

323

La legion dans la marine classe
Calcine, Magnes soulphre,& poix bruslera:
Le long repos de lasseurée place:
Port Selyn,Hercle feu les consumera.

324

Ouy sous terre saincte d'ame,voix fainte,
Humaine flamme pour diuine voyr luire,
Fera des seuls de leur sang terre tainte
Et les saints temples pour les impurs destruire.

325

Corps sublimes sans fin à l'œil visibles
Obnubiler viendront par ses raisons:
Corps,front comprins,sens, chief & inuisibles,
Diminuant les sacrées oraisons.

326

Lou grand eyssame se leuera d'abelhos,
Que non sauran don te siegen venguddos
Denuech l'embousq;,lou gach dessous las treilhos
Cieutad trahido p cinq lengos non nudos.

327

Salon, Mansol, Tarascon de Sex. l' arc,
Ou est debout encor la piramide,
Viendront liurer le prince Dannemarc
Rachat honni au temple d' Artemide.

328

Lors que Venus du sol sera couuert,
Souz l'esplendeur sera forme occulte,
Mercure au feu les aura descouuert
Par bruit bellique sera mis à l'insulte.

329

Le sol caché eclipse par Mercure
Ne sera mis que pour le ciel second.
De Vulcan Hermes sera faite pasture:
Sol sera veu pur rutilant & blond.

330

Plus xi. Fois ne voudra,
Tous augmentés & baissés de degré:
Et si bas mis que peu or lon coudra:
Qu'apres faim,peste descouuert le secret.

331

La lune au plain de nuit sus le haut mont,
Le nouveau sophe d'vn seul cerueau la veu:
Par ses disciples estre immortel semond Yeux au mydi.
En seins mains,corps au feu.

332

Es lieux et temps chair au poiss. donrra lieu:
La loy commune sera faicte au contraire:
Vieux tiendra fort, puis oste du milieu
Le Panta chiona Philon mis fort arriére.

333

Iuppiter ioint plus Venus qu'à la Lune
Apparoissant de plenitude blanche:
Venus cachée soubs la blancheur Neptune,
De Mars frappé par la granée branche.

334

Le grand mené captif d'estrange terre,
D'or enchainé au roy Chyren offert,
Qui dans Ausonne,Millan perdra la guerre,
Et tout son ost mis à feu & à fer.

335

Le feu estaint,les vierges trahiront
La plus grand part de la bande nouuelle:
Fouldre à fer,lance les seuls roy garderont:
Etrusque & Corse,de nuit gorge allumelle.

336

Les ieux nouueaux en Gaule redressés,

Apres victoire de l'Insubre champaigne:
Monts d'Esperie,les grands liés,troussés:
De peur trembler laRomaigne & l'Espaigne.

337

Gaulois par saults,monts viendra penetrer:
Occupera le grand lieu de l'Insubre:
Au plus profond son ost fera entrer:
Gennes,Monech pousseront classe rubre.

338

Pendant que duc,roy,royne occupera
Chef Bizant dn captif en Samothrace:
Auant l'assauit l'vn l'autre mangera:
Rebours ferré suyura du sang la trasse.

339

Les Rodiens demanderont secours
Par le neglet de ses hoyrs delaissée.
L'empire Arabe reualera son cours
Par Hesperies la cause redressée.

340

Les forteresses des assieges sarrés
Par poudre à feu profondés en abysme:
Les proditeurs seront touts vifs serrés
Onc aux sacristes n'auint si piteux scisme.

341

Gymnique sexe captiue par hostaige
Viendra de nuit custodes deceuoyr:
Le chef du camp deceu par son langaige
Lairra a la gente,fera piteux a voyr.

342

Geneue & Langres par ceux de Chartres & Dolle
Et par Grenoble captif au Montlimard
Seysset,Losanne par fraudulente dole,
Les trahiront par or soyxante marc.

343

Seront oys au ciel les armes batre:
Celuy an mesme les diuins ennemis
Voudront loix sainctes iniustement debatre
Par foudre & guerre bien croyans à mort mis.

344

Lous gros de Mende,de Roudés & Milhau
Cahours, Limoges, Castres malo,sepmano
De nuech l'intrado,de Bourdeaux vn cailhau
Par Perigort au toc de la campano.

345

Par conflit roy,regne abandonera:
Le plus grand chef fallira au besoing:

Mors profligés peu en rechapera,
Tous destranchés,vn en sera tesmoing.

346

Bien defendu le faict par excelence,
Garde toy Tours de ta proche ruine.
Londres & Nantes par Reims fera defense
Ne passés outre au temps de la bruine.

347

Le noir farouche quand aura essayé
Sa main sanguine par feu,fer,arcs tendus:
Trestout le peuple sera tant effraie:
Voyr les plus grads par col & pieds pendus.

348

Plannure Ausonne fertile,spacieuse
Produira taons si trestant sauterelles:
Clarté solaire deuiendra nubileuse,
Ronger le tout,grand peste venir d'elles.

349

Deuant le peuple sang sera respandu
Que du haut ciel ne viendra eslogner:
Mais d'vn long temps ne sera entendu
L'esprit d'vn seul le viendra tesmoigner.

350

Libra verra regner les Hesperies,
De ciel,& terre tenir la monarchie:
D' Asie forces nul ne verra peries
Que sept ne tiennent par rang la hierarchie.

351

Le duc cupide son ennemi ensuiure
Dans entrera empeschant sa phalange:
Astes à pied si pres viendront poursuiure,
Que la iournée conflite pres de Gange

352

La cité obsesse aux murs hommes & femmes
Ennemis hors le chef prestz à soy rendres
Vent sera fort encontre les gens-darmes:
Chassés seront par chaux,poussiere & cendre.

353

Les fuitifs & bannis reuoqués:
Peres & filz grand garnisent les hauts puids:
Le cruel pere & les siens suffoqués:
Son filz plus pire submergé dans le puis.

FIN.

Ce present liure a esté acheué d'imprimer le I I I I. iour de
Mai M. D. LV.